Lb 3548.

DE LA POLITIQUE FRANÇAISE

EN ESPAGNE.

1841.

PAR L'AUTEUR

DE

L'ESPAGNE EN OCTOBRE 1841.

PARIS.
IMPRIMERIE DE E. BRIÈRE, RUE SAINTE-ANNE, 55.

1841.

DE LA POLITIQUE FRANÇAISE
EN ESPAGNE
1841,

Par l'auteur de **L'ESPAGNE EN OCTOBRE 1841**.

AVANT-PROPOS.

En publiant sur la politique française en Espagne, ces pages qui font suite à notre brochure intitulée : *L'Espagne en octobre* 1841, nous n'avons eu d'autre but que de contribuer, selon nos forces, à hâter l'heureux jour, où la France et l'Espagne, ces deux nations si grandes, si nobles et si dignes, déposant les vieilles rancunes amenées par de tristes vicissitudes bien plus politiques que nationales, auront renoué entre elles ces doux liens d'amitié et d'alliance, qui seuls peuvent consolider leur bonheur réciproque, la liberté, l'ordre et le progrès politique de l'Europe.

Tous les bons citoyens, quelle que soit la nation à laquelle ils appartiennent, doivent s'associer par une loi d'honneur à cette grande œuvre sociale; et nous nous estimerions heureux d'avoir, par notre faible concours, coopéré en quelque sorte à l'accomplissement de cette noble pensée de tous les hommes généreux et sensibles.

22 Novembre 1841.

DE LA POLITIQUE FRANÇAISE
EN ESPAGNE.

1841.

Depuis quelque temps l'Espagne est un vaste champ clos, dans lequel descendent tour à tour les plus fougueux champions politiques de la France pour mesurer leurs armes, et s'y livrer une bataille trop acharnée pour qu'elle puisse être décisive.

Est-ce dans l'intérêt de l'Espagne? ou est-ce plutôt dans l'intérêt de la France?

Ni pour l'une ni pour l'autre cause; mais pour faire triompher en Espagne les partis extrêmes qu'ils représentent. — C'est une lutte d'idées et de personnes, bien plus que d'intérêts et de principes.

L'Espagne, cette terre classique du malheur et de l'infortune, cette patrie bienheureuse des vertus chevaleresques, n'avait-elle pas assez d'élémens de trouble et de désordre en elle-même, pour avoir le droit de prétendre qu'on y laissât terminer la lutte par les partis nationaux entre lesquels elle était engagée? Mais il n'en fut pas ainsi : les étrangers ont voulu planter leur drapeau au milieu des fiers enfans de la vieille Ibérie, imposer leurs volontés à ces cœurs indomptables, et diriger les événemens d'après des systèmes, ou, pour mieux dire, des formules politiques posées d'avance, sans consulter les besoins et les tendances du pays, la nature et les penchans de ses habitans.

Est-ce pour cela que nous voulions dire que les maux de l'Espagne sont imputables à la France? Non, assurément; mais nous ne pouvons pas dissimuler que si les sympathies de la grande majorité des bons et loyaux Français étaient pour que l'Espagne fût admise à se relever de la condition misérable à laquelle elle avait été réduite par le despotisme séculaire qui s'était appesanti sur elle, pour la faire monter ensuite au rang des nations libres et puissantes; cependant, d'autre part, le pouvoir exécutif qui gouverna la France depuis la révolution espagnole avait, par des raisons spéciales que nous verrons plus tard, mis en action d'autres systèmes et d'autres tendances moins bienveillantes pour l'Espagne.

Et, pourtant, après la France, quel pays plus que l'Espagne méritait le noble sort de s'élever parmi les grands pouvoirs de l'Europe? L'Espagne, qui fut jadis le plus puissant empire de l'ancien et du nouveau monde; l'Espagne, qui vit dans ses domaines l'orient et le couchant du soleil; l'Espagne, riche par l'or de ses mines, et terrible par le fer de ses soldats, les plus vaillans alors de l'Europe; l'Espagne, jouissant d'un des plus beaux climats du monde, d'un sol fertile en productions de toutes sortes, assise sur deux mers qui la baignent de leurs ondes, et défendue par elles et par de hautes Alpes; l'Espagne, patrie de l'héroïsme et des grandes vertus nationales; l'Espagne, enfin, privilégiée du ciel et de la nature, possédait tout ce qu'il fallait pour mériter un meilleur sort que celui que la destinée ou la volonté des hommes lui avait préparé. Il ne peut pas y avoir, quel que soit le parti politique que l'on professe, il ne peut pas y avoir un homme qui, réfléchissant de sang-froid sur les sombres vicissitudes de l'Espagne, ne se sente le cœur oppressé de douleur et de pitié devant le tableau triste et lugubre de cette fatalité inexplicable. Il n'y a, et ne peut y avoir que le politique au cœur glacial et serré, qui puisse approcher de cette noble matrone, revêtue jadis de la pourpre royale la plus resplendissante de la terre, son beau corps aujourd'hui tout parsemé de plaies, et toute couverte de haillons et de lambeaux, qui ne portent que les traces brillantes de son ancienne splendeur, sans rentrer en soi-même, dans la mortelle tristesse de son âme, pour méditer sur la vanité et le néant des grandeurs humaines, et se demander : — Quand tous ses maux auront-ils un terme?

Cependant l'histoire impartiale, après avoir contemplé les désastres et les malheurs d'un corps politique, doit s'empresser de rechercher quelles en ont été les causes, quels peuvent en être les remèdes. — L'Espagne affaissée sous le poids de ses revers, triste de sa tristesse, et de la souvenance d'une grandeur évanouie, mais forte de son courage et de la conscience impérissable de pouvoir renouveler dans des jours plus propices les merveilles du passé, cherchait en elle-même les moyens de remettre en mouvement ces forces vitales, qui l'avaient autrefois poussée à dominer de son bras tout puissant cette même Europe, qui aujourd'hui la foule aux pieds sans pitié, par cela seul qu'elle la croit désarmée et affaiblie. — L'heure avait sonné qui annonçait la liberté et la régénération de l'Espagne : elle demandait à l'Europe l'appui de ses hommes libres, les sympathies des gens honnêtes et loyaux : elle demandait qu'on la laissât avancer dans sa marche. Elle voulait s'élever au rang que la Providence lui avait assigné. — Elle en était digne!

Limitrophe d'un peuple puissant et magnanime, elle

voulut s'appuyer de sa force, et s'éclairer de ses lumières, pour écarter les nuages qui encombraient son horizon rembruni, et pour dissiper les ténèbres qui l'enveloppaient, malgré elle, dans le manteau lourd et sombre de l'*ignorantisme politique*.

Mais ce peuple puissant et magnanime a-t-il tendu une main secourable à l'Espagne ? Nous disons oui, parce que telle était *sa volonté*; mais le *pouvoir* lui a manqué, car le pouvoir exécutif qui gouverna la France depuis 1830, poussé parfois par des vœux et des instincts contraires, défaisait d'une main ce que l'opinion publique l'avait amené à faire de l'autre, et fut de la sorte, nous le disons sans crainte, en hostilité permanente avec l'opinion et les vœux de la grande majorité des Français.—Il nous faut donc examiner ce que *la France voulait* pour l'Espagne : ce que le *gouvernement français a fait* pour elle, et ce *qu'il aurait dû faire*.— Jamais on n'eut devant soi une route mieux tracée à suivre ; jamais on ne s'est plus pitoyablement fourvoyé.— Voici ce que nous allons prouver à l'appui *de la raison qui devait conseiller*, et *des faits qui se sont accomplis*.

A peine Ferdinand VII était-il descendu dans les caveaux de l'Escurial pour reposer, ombre frêle et chétive, parmi les grands rois de l'Espagne, que, d'après son testament et la volonté des Cortès qui avaient remis en vigueur l'ancienne loi fondamentale du royaume de Castille, le sceptre d'Espagne passa dans les mains de sa fille Isabelle, qui fut proclamée de ce nom la deuxième. — Pendant sa minorité, l'exercice du pouvoir restait confié à la royale veuve, Marie Christine de Bourbon.

La France, fidèle aux principes de la révolution de 1830, s'empressa de reconnaître Isabelle II comme Reine d'Espagne : l'Angleterre fit de même : les puissances du Nord froncèrent le sourcil, mais se turent. — Et voilà encore que plus tard la trop célèbre *quadruple alliance* fut stipulée pour maintenir et défendre la royauté nouvellement établie en Espagne. — L'aurore de la liberté et du progrès politique allait se lever sur le ciel de l'Espagne, lorsque tout d'un coup on entendit gronder le tonnerre et s'avancer de l'occident une tempête redoutable. — Le Prétendant à la couronne d'Espagne débarqua d'Angleterre, *traversa toute la France*, et descendit sans obstacles parmi les anciens Cantabres. — Faisant appel aux vieilles libertés des provinces basques, au fanatisme religieux et *à son droit*, il parvint à organiser un parti formidable, qui pendant six années tint ferme, contre la bravoure et le nombre, sur le sol de l'Espagne. — Décrire les fortunes et les revers de cette guerre fratricide et fatale, n'est pas de notre ressort; qu'il nous suffise de dire que peu s'en est fallu qu'une restauration ne s'opérât en Espagne.

Il faut être juste. — Le gouvernement de Juillet se trouvait dans une position très-embarrassante vis-à-vis de l'Espagne. — Nul doute que la nation française, soit par un noble sentiment, soit par l'instinct de sa propre conservation, ne voulût que les mêmes principes qui avaient remporté une victoire éclatante et décisive en France, s'étendissent et prissent racine en Espagne. Indépendamment de l'instinct politique qui force les nations à désirer que les principes qui les régissent, régissent aussi les peuples qui leur sont alliés par communauté d'intérêts ou par relation de voisinage; la France et la nation française avaient un intérêt éminemment essentiel à s'assimiler l'Espagne, qui couvre son flanc dans toute grande bataille rangée que la France est appelée si souvent à livrer à l'Europe tout entière. — Il est impossible de pouvoir contester cette évidence, et les masses, qui, en politique, voient parfois beaucoup mieux que les grands hommes eux-mêmes, parce que bien souvent le *bon sens* vaut mieux que *l'art*, avaient trop bien deviné cette nécessité nationale, et la France se leva comme une seul voix en faveur de la nouvelle *puissance constitutionnelle* qui venait de surgir en Espagne.

Mais une telle assurance, une telle conscience n'existaient pas aussi parfaites et aussi sincères dans le *Pouvoir* qui gouvernait la France depuis 1830. — Par la nature de sa situation politique, deux instincts, deux élémens contraires dominaient et dirigeaient tour à tour sa force exécutive. Le Pouvoir que la révolution de Juillet avait établi et reconnu en France participait à la fois de la *légitimité dynastique*, et de la *légitimité populaire ou nationale* : pour parler plus clairement et en dehors d'équivoque, ce Pouvoir tirait à la fois sa cause d'existence politique de la *souveraineté monarchique* et de la *souveraineté nationale*. — Comme souveraineté monarchique, ou si vous voulez mieux, dynastique, le Pouvoir avait intérêt à ce que les principes analogues ne fussent pas méconnus en Espagne. —La loi salique qui venait de disparaître si subitement du droit de succession à cette même couronne, que le petit-fils du grand Roi avait portée contre la volonté de l'Europe entière, devait être la source permanente d'un regret profond et véritable, quand on sait si bien par l'histoire, que les dynasties contemplent avec une espèce de piété religieuse tous les pactes de famille. — C'est un sentiment si profondément enraciné dans le cœur humain, et du reste si naturel et si juste, qu'il est selon nous irréprochable.

D'autre part, à cause de la souveraineté nationale dont procédait le Pouvoir de 1830 par le fait même de son existence, ce Pouvoir, comme représentant cette souveraineté nationale, devait ressentir le même intérêt que la nation ressentait, et devait, par conséquent, s'y associer pour le faire prévaloir. — Étant obligé de reconnaître de quel droit il gouvernait la France, il était forcé de ne pas combattre au dehors ce qui faisait sa puissance au dedans, sous peine d'abattre sa propre légalité. — Mais outre qu'il était forcé de subir la nécessité politique de son existence, il avait aussi un intérêt éminent et devait, par conséquent, subir un penchant marqué à s'entourer le plus possible d'États pareillement constitués, de nations jouissant d'une vie politique conforme à la sienne. La lutte formidable qui menaçait d'éclater entre les vieilles monarchies de l'Europe tirant leur droit du droit providentiel, et cette monarchie nouvellement créée par la volonté nationale, imposait à celle-ci le désir et le devoir de s'entourer d'alliés et d'auxiliaires capables de la soutenir au jour du combat, qui devait décider la grande querelle entre les rois et les peuples.

Voilà la situation difficile et embarrassante dans laquelle se trouvait placé le gouvernement de 1830. — Nous admettons volontiers que c'en était une bien épineuse. — Pour la dominer dans un sens ou dans l'autre, il aurait fallu que le gouvernement possédât une rare énergie, une grande stabilité, une fermeté impassible et une conscience inébranlable de son droit. Mais le siècle dans lequel nous vivons n'est pas une époque riche en individualités, dominant d'une main assurée la position d'où il faut livrer la bataille ; ce n'est pas une époque où l'on ait le courage d'attaquer l'ennemi de front, lorsqu'on peut le tourner, et l'homme n'a pas souvent l'audace de persister jusqu'au bout, une fois qu'il a dit : *Il faut que ce soit ainsi et non autrement.* — Nous disons cela surtout en matière politique. — On aime à y faire la petite guerre ; on avance, on recule, on marche à droite, on marche à gauche, sans un plan de campagne arrêté d'avance, mais à la merci des événemens et des circonstances. — Selon que l'intérêt dynastique ou l'intérêt national prévalait dans la balance des événemens, les agens du gouvernement penchaient *de fait* en faveur du principe dynastique ou du principe national : *en fait*, le Carlisme et Isabelle II furent chacun à leur tour réellement appuyés par le gouvernement de la France, selon les vicissitudes de la politique intérieure. Il n'y a aucun pouvoir plus jaloux que celui qui est issu d'une révolution, pour le maintien de l'ordre et pour la suppression des révoltes, puisque, plus que tout autre, il est, ou se croit exposé à se voir renverser par la même force qui l'a établi. — Toutes les fois partant que le pouvoir constitutionnel en Espagne se laissait entraîner, soit par sa propre impulsion, soit par la force des circonstances, à une allure plus libérale et plus progressive, le gouvernement de France craignant une diffusion trop étendue et trop profonde des idées libérales en Espagne, et, par contre-coup, en France, se voyait obligé d'appuyer le Carlisme, pour retarder le plus possible l'installation du principe dangereux de la souveraineté populaire. — Nous ne voulons pas dissimuler que l'opposition elle-même, a été pour beaucoup dans ces reviremens continuels de la politique française à l'égard de l'Espagne. L'appel qu'elle faisait aux idées bien plus anarchiques que libérales qui se manifestaient de temps en temps en Espagne, et surtout dans les royaumes de Catalogne et de Valence, foyers permanens des tendances républicaines, obligeait le gouvernement français à retirer aux libéraux espagnols cet appui moral et réel, qui aurait pu fomenter la reproduction des principes démocratiques qui causaient tant d'ombrage aux hommes placés au timon des affaires. Si l'opposition avait conservé ce maintien calme et digne, qui fait aimer la liberté parce qu'elle est fondée sur la légalité et sur l'ordre, le gouvernement aurait pu agir librement, et sans crainte dans la voie de l'amélioration politique, que l'Espagne réclamait pour elle, par l'établissement de la royauté constitutionnelle d'Isabelle II. —Mais, poussant les idées libérales aux limites extrêmes qui mènent à l'anarchie et à la licence, l'opposition a fourni, contre son gré, et sans s'en douter, peut-être, une arme formidable au pouvoir, qui, dans l'instinct de sa propre conservation, s'en est servi pour établir un système rétrograde, propre à le ramener à l'idée fixe de tout gouvernement, qui est de pouvoir dominer et commander le plus possible. — De la sorte, lorsque le républicanisme levait la tête en France, et que le pouvoir constitutionnel ou libéral, en Espagne, avait une chance de succès, le gouvernement français ralentissait les secours qu'il prêtait à la reine Isabelle, et le Carlisme recouvrait cet appui qui, pour être caché, n'en était pas moins efficace. — Parfois, l'opinion générale, en France, se récriait contre les menées et les intrigues souterraines qui, de temps en temps se montraient en Espagne en faveur des Carlistes ; et c'est alors que le gouvernement rebroussait chemin, et s'épanchait en démonstrations amicales envers l'Espagne libérale; mais, la première crainte passée, on revenait bien vite à l'ancienne politique, qui se servait du Carlisme pour contre-balancer le développement des idées libérales, qui sont si froidement accueillies par tout pouvoir constitué ou agissant d'après des bases monarchiques, et surtout, ce qui pour être curieux n'en est pas moins vrai, lorsque le pouvoir émane d'un changement organique. Pour ceux qui ont lu les divers discours du trône à l'ouverture annuelle des Chambres, et qui attachent beaucoup d'importance à ces manifestations froides et si peu expansives de la pensée gouvernementale; pour ceux qui n'ont vu dans l'envoi de la légion étrangère en Espagne, que la volonté et le désir d'être utile à la cause d'Isabelle; pour ceux qui ont salué la quadruple alliance comme la démonstration la plus formelle de l'amitié du gouvernement français pour l'Espagne; pour ceux enfin, auxquels il ne vient pas dans l'idée que la maxime d'un grand diplomate, *que la parole a été donnée à l'homme pour déguiser la pensée*, puisse jamais être un principe politique et qui croient plus aisément aux paroles qui passent, qu'aux actions et aux faits permanens, nul doute que la politique française ne doive paraître en dehors de tous reproches pour la cause de la liberté espagnole. — Mais nous, qui regardons les *faits et les faits seuls* comme les émanations et les conséquences nécessaires des *pensées*, nous demanderions volontiers aux hommes qui ont gouverné la France aux époques où le Carlisme a eu plus de chances de succès en Espagne, comment il se fait que Don Carlos dont on connaissait les prétentions et les projets, ait pu traverser toute la France, sans que l'autorité d'ailleurs si prompte et si vigilante, l'ait arrêté dans sa marche? Comment il se fait que le Carlisme ait pu se maintenir aussi long-temps dans un pays étroit, montagneux et stérile, sans autres ressources que les approvisionnemens qui lui parvenaient à travers les frontières de la France? Comment il se fait que toutes les fois le gouvernement espagnol, pressé et menacé par le Carlisme jusque dans le cœur du royaume, ait trouvé en France le pouvoir sourd à toutes ses réclamations et à toutes ses demandes? Comment il se fait que l'intervention et le secours effectif de la France invoqués par l'Espagne dans les momens de danger et de presse, aient trouvé auprès du gouvernement une telle répugnance?

Comment il se fait que le Carlisme se soit présenté deux fois aux portes de Madrid, sans que la France fît un seul pas pour empêcher la restauration en Espagne, exécrée comme elle l'était par tous les gens honnêtes et loyaux du pays? Comment il se fait enfin, qu'on ait laissé l'Angleterre étendre peu à peu une domination exclusive sur la terre d'Espagne, pour la serrer dans ses dures étreintes; l'Angleterre qu'on veut faire passer comme détestée en Espagne? Ce sont des faits et de *mauvais procédés* absolument inqualifiables. Soyons francs et sincères : si le gouvernement français eût voulu sérieusement et véritablement l'établissement de la royauté constitutionnelle en Espagne, si, sans arrière-pensée, on avait voulu sacrifier *les velléités de la loi salique* aux principes libéraux et aux intérêts nationaux de la France et de l'Espagne; en un mot, disons-le encore une fois, si la France l'*eût voulu*, l'Espagne aurait évité les horreurs d'une guerre civile acharnée et interminable, toutes les commotions et les exagérations politiques qui l'ont si souvent conduite au bord de l'abîme, et le nom de Don Carlos aurait passé moins maudit dans les annales de l'histoire. Certes, si la France avait voulu intervenir en Espagne, pour y introduire des principes et des systèmes non conformes aux idées et aux tendances nationales, tous les Espagnols se seraient levés comme un seul homme pour repousser la domination et la conquête étrangères, et l'Espagne de 1834, plutôt que de subir encore une fois la honte de 1823, aurait convoqué l'élite de ses héros, comme elle l'a su faire à l'époque sanglante et à jamais mémorable de la lutte pour son indépendance nationale. — Mais si les Français étaient entrés en Espagne pour fraterniser avec les bons Espagnols qui ne demandaient que de jouir de la liberté et des lumières qui se répandaient en Europe, au nom du droit et de la justice des peuples, et selon les besoins et les traditions du pays, oh! le rôle noble et généreux que la France eût joué en Espagne!

Mais le gouvernement français, au fond de sa pensée, aurait préféré peut-être le maintien de la loi salique en Espagne; et ce ne fut que poussé par le danger du moment qu'il sacrifia ses penchans aux exigences de l'époque : il accueillit la révolution qui changea la loi fondamentale en Espagne, comme une nécessité politique, à laquelle, lui, gouvernement issu d'une révolution nationale, ne pouvait se soustraire qu'en mettant en question sa propre existence. — La crainte au dedans, et la crainte au dehors, voilà le secret de la politique française en Espagne. Elle était habile peut-être, elle n'était ni sage ni honorable. C'est une politique qui pouvait parfois rendre dévouée à la France la coterie qui gouvernait à Madrid; mais quant à la masse nationale, l'Espagne devait s'éloigner de plus en plus de la France pour retomber lourdement dans les vieilles animosités nationales, qui à l'heure où nous écrivons menacent de devenir ineffaçables.

Prenez-y garde, ô vous qui gouvernez la France! l'Espagne est faible comme royaume et comme puissance, mais comme nation elle peut encore devenir forte et redoutable : vous n'avez pas honte, qu'à vos portes elle se souille des crimes qui font de la guerre civile, à laquelle vous n'êtes pas étrangers, une guerre criminelle et infâme? Pour la première fois on vit en Espagne pâlir l'étoile du grand homme : devant le pariotisme héroïque d'un grand peuple s'inclina la toute-puissance de l'Empire. —Si vous ne voulez pas respecter l'Espagne comme puissance redoutable pour la valeur française, craignez du moins d'y allumer un incendie qui, après l'avoir embrasée, pourrait, par-dessus vos armées et vos légions, envahir et embraser votre atmosphère. — Trop souvent les amis qu'on méprise deviennent des ennemis formidables.

Nulle part plus qu'en Espagne ne s'est montrée la puissance du machiavélisme politique habilement dirigé. La France ou, disons mieux, le gouvernement français étant obligé par la force des choses, et comme nous l'avons indiqué, à sacrifier l'intérêt dynastique à l'intérêt national, mais ne voulant pas en même temps se dessaisir de toute possibilité de retour à ses premières illusions, organisa son intervention dans les affaires intérieures de l'Espagne, de manière à pouvoir, face à face des partis politiques, conserver cette espèce de neutralité sur laquelle on s'appuie, pour être en mesure d'écarter la responsabilité des fautes et des travers que le parti adverse vous reproche. — Le parti national, en France, reprochait-il au gouvernement d'appuyer sourdement le Carlisme, soit par des promesses, soit par des exhortations ou d'autres moyens bien plus efficaces, voilà qu'on répondait tantôt par l'envoi d'un nouvel ambassadeur à la cour d'Isabelle, tantôt par la marche de quelques bataillons de réfugiés, ou tantôt par un beau discours du trône, qui faisait les vœux les plus tendres et les plus sincères pour le triomphe de la cause constitutionnelle en Espagne : ce qui faisait dire avec beaucoup d'esprit et de vérité, que la France, vis-à-vis de l'Angleterre et du Portugal, qui prenaient une part active dans la guerre d'Espagne, ressemblait au grand-prêtre de la Bible qui, les mains hautes et les yeux levés vers le ciel, priait Dieu sur la montagne pour la victoire de son peuple, pendant que les deux armées ennemies combattaient dans la plaine.

Le parti dynastique représenté au dehors par l'absolutisme des puissances continentales reprochait-il, par des admonestations ou par des menaces, au gouvernement français qu'il se laissait trop aller en faveur des idées libérales en Espagne, contre les principes du droit divin et de l'ordre, vous le voyez organiser à Bayonne et dans plusieurs autres villes du midi de la France des comités de subsides en faveur des carlistes, et souffler des mots d'encouragement et de promesses à la petite cour de Navarre; vous le voyez rappeler la légion étrangère, et donner gain de cause aux principes et aux tendances despotiques.

Voilà comment, au château des Tuileries, on entendait et on traitait les affaires d'Espagne.—Cette même politique qui avait laissé tomber la Pologne sous les coups redoublés de l'autocrate du Nord, après avoir oublié comme cette nation généreuse avait peut-être sauvé la France d'une nouvelle invasion de ces mêmes bataillons russes, qu'elle arrêta au prix de son sang et de sa propre ruine; cette même politique qui avait abandonné l'Italie aux baïonnettes autrichiennes après l'avoir poussée, dans ses propres intérêts, à la révolte contre ses souverains légitimes; cette même politique aurait fini par perdre l'Espagne, si l'Espagne n'avait possédé en elle-même cette force de volonté et de persistance qui sauve les nations dans leurs crises les plus terribles.

Les partisans et les fauteurs de cette politique à double ressort nous diront peut-être que la France n'était pas obligée de faire les affaires des autres nations, aux dépens de sa propre sûreté et de son indépendance? Et pour en venir aux réalités, fallait-il, nous dira-t-on, que la France envoyât l'élite de ses braves jusqu'aux extrêmes limites de l'Europe, s'ouvrant un passage au milieu de nations guerrières et puissantes, pour y répandre sur une terre étrangère, et dans une cause qui n'était pas la sienne, le sang précieux de ses enfans, que la patrie réclame pour elle? Fallait-il que la France prît en Italie une position offensive, pour obtenir l'émancipation de ce peuple, dont elle est séparée par les mers et par les Alpes? Fallait-il par une marche ouverte et décisive en Espagne, réveiller les jalousies, exciter les susceptibilités, et faire au besoin retomber sur la France les efforts combinés de l'Europe?

Ces objections sont graves sans doute quant à l'Italie et à la Pologne; elles sont insoutenables quant à l'Espagne.—Nous ne discuterons pas si la France, en prenant une part plus active dans les efforts faits par les peuples les plus braves de l'Europe pour secouer le joug sous lequel ils courbaient leur front indigné, n'a pas perdu une belle occasion de reprendre cette suprématie et cette prépondérance, que sa richesse, sa puissance, sa bravoure et son intelligence doivent tôt ou tard lui rendre à la tête des idées libérales, qu'elle a la mission incontestable de propager sur toute la surface de l'Europe. Nous croyons seulement, et nous en avons pour notre propre compte la conviction intime, que dans cette époque de progrès et de lumières, la France aurait, en définitive, remporté la victoire dans toute croisade que l'Europe eût soulevée contre elle. Pourquoi l'Empire a-t-il succombé dans la lutte? — Parce qu'il représentait *le despotisme d'un seul homme*; mais s'il avait marché *à la tête des nations*, il eût été invincible!

Vous avez hésité devant les menaces des puissances du Nord : eh bien! ces mêmes puissances ont-elles osé vous attaquer à Ancône; ont-elles osé vous attaquer à Anvers; ont-elles osé, dans quelque occasion que ce soit, où la France a montré une volonté ferme et énergique, vous imposer leur volonté par la force? Et pourtant, la vieille Autriche a-t-elle jamais dû supporter un affront plus humiliant pour ses préjugés despotiques, que de voir en pleine paix une escadre française arborant le drapeau tricolore, paraître sur les côtes d'Italie, de cette Italie toute palpitante alors de la souvenance qu'elle fut le berceau des premières libertés politiques ; enfoncer pendant la nuit à coups de hache les portes d'une citadelle appartenant à une puissance sur laquelle elle s'arrogeait le droit du protectorat exclusif, et lancer dans cette même forteresse, et devant ses propres soldats étonnés, *une garnison française ?* — Et l'Autriche n'a pas bougé ! — Lors du siége d'Anvers, quelle honte pour les fiers descendans de cette vieille armée prussienne, que le grand Frédéric avait si souvent conduite à la victoire et qui étonna jadis l'Europe par sa bravoure et sa discipline, que de voir sous leurs propres yeux, *en deçà du Rhin, de cette limite naturelle de la France*, une armée française camper et établir le siége devant *une forteresse hollandaise*, et la réduire par la force ? — Et la Prusse n'a pas bougé !

Et comment donc les puissances du Nord auraient-elles osé s'opposer à une intervention active de la France en faveur de la cause constitutionelle en Espagne? En Espagne, pays aux portes du royaume, et dans lequel la Sainte-Alliance ne peut livrer bataille, qu'en passant sur le corps de la France. — Certes, le danger n'était pas sérieux pour la France, et le pouvoir qui a puisé les raisons de sa politique dans la peur de l'étranger, représentait d'autres intérêts que ceux de la nation française. — Nous aimons à le répéter encore une fois : la France n'a qu'à *vouloir*, pour pouvoir faire respecter, par son droit et par ses armes, les mesures qu'une fois elle a pu prendre, pour les intérêts bien compris de sa puissance et de ses principes, qui sont maintenant la noble expression des besoins de l'époque.

Le gouvernement français a donc évidemment sacrifié

les *intérêts nationaux* aux *intérêts dynastiques* dans les affaires d'Espagne.

Mais de tous les ministères qui ont successivement gouverné la France, et il y en a eu plusieurs, et qui se sont placés sur un terrain hostile à la liberté de l'Espagne, le 29 octobre est celui entre tous qui s'est montré le plus inqualifiable dans sa politique extérieure vis-à-vis d'elle.

Succédant à des hommes qui avaient voulu la dignité, la gloire et l'indépendance de la France, et qui avaient suivi un système périlleux peut-être, mais certes honorable, parce qu'il était digne d'un grand peuple, le 29 octobre fit aussitôt marcher à rebours les affaires d'Espagne; et son premier acte fut une défaite. — Le mot d'*anarchie* qu'il voulait faire adopter dans le discours du trône, fut repoussé par la Chambre, qui voulut donner au ministère une leçon solennelle et fructueuse de l'inconvenance de préjuger sur les événemens amenés par suite d'une manifestation nationale, et de s'immiscer *d'une façon doctorale* dans les débats politiques des autres peuples. — C'était trop tôt que d'appeler anarchique un gouvernement qui venait de prendre les rênes de l'Etat d'après la volonté de l'Espagne, et auprès duquel on s'est vu forcé plus tard d'accréditer un ministre plénipotentiaire de la France. — Mais il n'est pas dans le système du juste-milieu de suivre les allures franches et ouvertes, et on s'accommode facilement aux faits qu'on n'a su ou voulu ni prévoir, ni empêcher.

Une telle manifestation de l'opinion publique en France à l'égard de l'Espagne, n'a pas ouvert, et tant s'en faut, les yeux du ministère du 29 octobre. Sa conduite était tracée, et il a dû la suivre. — Et le voilà nouvellement égaré dans une des plus fausses positions, que le gouvernement de la nouvelle France ait jamais subies.

Nous voulons parler de la dernière échauffourée en Espagne, qui a si misérablement avorté à la honte — nous rougissons de le dire — non pas de la France, mais du gouvernement qui la représente.

Un pouvoir national amené et reconnu par *une manifestation nationale et pacifique*, sans désordre et sans secousse, vient de s'établir en Espagne. Après une commotion momentanée et passagère, *l'ordre s'établit pour la première fois depuis sept longues années sur toute la surface du pays*; et avec l'ordre, on voit la liberté, le progrès et la prospérité nationale suivre une marche satisfaisante, pauvre de souvenirs et d'actualité, mais riche en avenir et en espérances. — L'industrie et les lumières commencent à féconder et à éclairer ce sol et ce ciel de l'Espagne, si beau et si pur, tombés depuis long-temps dans la stérilité et dans les ténèbres de la superstition et du despotisme : et la paix, l'unité et la concorde, autant qu'elles peuvent subsister après une longue guerre civile, font disparaître la triste tradition des maux qui vont passer dans le domaine de l'histoire. — L'Espagne avait enfin le droit de demander qu'on la laissât suivre la destinée qu'elle-même s'était faite, libre et indépendante.

Mais pendant que lasse de guerres et de tumultes, l'Espagne allait se reposer de ses fatigues, voilà que de la tour de Pampelune la sédition fait briller une mêche fratricide, et le canon gronde versant la mort sur une ville pacifique et tranquille.

Une princesse qui avait quitté la terre d'Espagne, la paix et la résignation dans la bouche, mais le cœur tourmenté de regrets et de folles espérances, après avoir parcouru sa terre natale, où elle ne trouva ni asile ni refuge, vient fixer sa demeure dans la capitale de la nation magnanime, qui accorde sa noble hospitalité à toutes les infortunes de la terre.— Cependant elle n'y vient pas chercher dans la paix et dans le silence l'oubli de ses malheurs et de sa puissance tombée ; mais y organiser traîtreusement et en cachette un complot qui devait éclater en guerre civile dans ce pays même qu'elle avait quitté, la mère de sa Reine, *en promotrice constante de la paix, faisant des vœux pour le bonheur de ses bons Espagnols.* — Dans cette œuvre elle ne fut pas seule avec ses créatures, son or et ses intrigues. — Le gouvernement qui l'avait accueillie en fugitive, l'appuya en Reine, et quoique les manifestations officielles après l'avortement du complot aient nié toute connivence, les faits n'en sont pas moins là pour démontrer le contraire, et ils sont tellement graves et sérieux, que le simple récit des événemens a dû prouver à tout homme impartial, que le gouvernement du 29 octobre, s'il n'appuyait pas, ce qui du reste est encore fort douteux, *connaissait au moins, approuvait et laissait faire.* — Il professait lui, et il veut le faire croire, une stricte neutralité ; mais de bonne foi, peut-on admettre *la possibilité légale de la neutralité entre un gouvernement établi et reconnu, et un parti politique prenant les armes de la sédition et de la révolte ?* Pour agir loyalement, le ministère français aurait dû où ne pas reconnaître le gouvernement d'Espartero et rompre ouvertement avec ce pouvoir *despotique et immoral*, prenant franchement et activement le parti de Marie Christine, ou bien vivre en bonnes relations d'amitié avec lui comme avec toute puissance étrangère.—Mais accréditer un ambassadeur de France auprès de ce gouvernement et en même temps tolérer — nous nous bornons à la tolérance — que sous ses propres yeux, dans la capitale même du royaume et aux frontières, on organise et on exécute sans opposition un plan de révolte pour renverser son pouvoir, voilà ce qui était moralement impossible. — Et cependant, on a agi ainsi ; et il n'y a pas à craindre qu'on puisse *sérieusement* prouver le contraire. — Que si le gouvernement français s'est laissé aller à une coopération plus active, ce dont nous serons probablement éclaircis à l'ouverture des Cortès espagnoles, nous ne savons pas de quel droit il pourra demander au gouvernement de Madrid les égards et les convenances qu'il a commencé à violer lui-même d'une manière si formelle. — Où s'arrêtera-t-on dans cette marche fausse et vicieuse? C'est ce que nous ne saurions prévoir, si le 29 octobre tel qu'il est, continue, contrairement aux apparences, à gouverner la France.

Ce dernier épisode de la guerre civile en Espagne a été préjugé en faveur du gouvernement établi dans une brochure intitulée : *L'Espagne en octobre* 1841, que nous avons publiée à l'occasion de cette crise aussitôt close que commencée. — Les chances de succès qu'on préconisait pour Marie Christine ont reçu une dénégation éclatante par les événemens, selon nos espérances, et le pouvoir d'Espartero loin d'en être ébranlé, s'est affermi, et a obtenu une force nouvelle par les sottes entreprises de ses adversaires. — Espartero y est désigné comme le seul homme capable de sauver la royauté constitutionnelle d'Isabelle II, et de maintenir l'ordre et la liberté en Espagne. — Nous nous dispenserons en conséquence d'aborder ici ce sujet, qui a été épuisé dans la brochure que nous venons de citer : et il nous reste seulement à prouver par les actes ultérieurs d'Espartero, et par les faits accomplis, que la politique française a complètement échoué en Espagne, pour s'être trompée dans les jugemens qu'elle portait sur les hommes et sur les choses. — Or, en politique, se tromper, c'est être dans son tort, parce que la politique n'est autre *que la science des faits*

accomplis et des moyens de les prévenir ou de les combattre.
Marie Christine levant l'étendard de la révolte contre le gouvernement établi en Espagne, remettait en question le jugement qui avait été rendu contre elle, en septembre 1840. — Elle l'a compris elle-même, lorsqu'après l'avortement de la révolte navarraise elle s'efforçait, dans sa correspondance avec l'ambassadeur d'Espagne à Paris, de faire croire qu'elle n'avait nullement dirigé la révolution militaire qui avait inopinément éclaté en Navarre par le bombardement de Pampelune, et à Madrid par la folle tentative d'enlever la Reine ; tout en avouant qu'elle ne pouvait pas renier le droit de ceux qui s'étaient servis de son royal nom pour renverser *le gouvernement despotique et immoral qui par ses actes d'iniquité, d'oppression et de délire politique scandalisait le monde chrétien.* — Nous ne doutons pas que l'Espagne elle-même n'y soit comprise.

Du reste, cette même correspondance avec l'ambassadeur d'Espagne nous prouve tout le contraire de ce qu'elle a pour but d'affirmer; car il ne faut pas avoir un haut degré d'intelligence pour s'apercevoir, d'après la simple confrontation de ces pièces avec les proclamations par lesquelles O'Donnell *annonçait aux fidèles Espagnols l'heureux retour de Marie Christine en Espagne*, que les unes et les autres ont été fabriquées dans la même officine. — Les mêmes accusations contre le gouvernement d'Espartero, les mêmes phrases, les mêmes épithètes, et jusqu'au même style, en un mot, leur parfaite ressemblance annonce la même *maternité*, tellement qu'il est impossible de s'y méprendre. — Mais après tout ce qui est arrivé, c'est une vérité incontestable pour tout le monde, et pour ceux-mêmes qui la nient, que c'est Marie Christine qui a tenté la révolte en Espagne. — Et le journal officiel de l'ex-régente s'est trop empressé de nous en donner la preuve, en publiant *prématurément* dans ses colonnes ces mêmes proclamations qui avaient été répandues à Paris au moins aussitôt qu'en Espagne.

Espartero, comme du reste il était bien facile de le prévoir, est sorti triomphant de la lutte, et nous n'hésitons pas à le dire, nous pensons que ce sera pour le bien définitif de l'Espagne. — Nul gouvernement mieux que le sien ne saurait avoir *la volonté* et *le pouvoir* de remettre aux mains d'Isabelle II l'Espagne libre et heureuse autant que possible, entourée comme elle est d'ennemis intérieurs et extérieurs, et bien plus à cause de ces derniers qui, dirigés par une main invisible, poussent les partis à se mettre en présence et les forcent à la lutte. En attendant, la fermeté, l'énergie et la prévoyance politique qu'il a montrées dans la position périlleuse que les ennemis de l'Espagne libérale lui avaient préparée, ont augmenté aux yeux des hommes que l'esprit de parti n'a pas aveuglés, l'importance et les talens du régent du royaume. — Nous avons pour notre compte une grande, une immense confiance en lui; il est ami de l'ordre et de la liberté, et il a prouvé qu'il est ennemi des partis extrêmes, et qu'il ne les ménage pas, lors même qu'ils peuvent lui être utiles. — Au pouvoir, c'est lui et lui seul qui, dans l'état actuel des choses, pourra encore sauver l'Espagne, si pourtant on lui laisse les mains libres. — Du reste, un simple aperçu de la conduite tenue par Espartero en présence de la révolte navarraise et des juntes organisées en Catalogne, à Valence et autre part, et de l'ensemble de ses derniers actes politique, nous prouvera s'il se trouve ou non à la hauteur des circonstances.

Au milieu d'une paix profonde et générale, achetée au prix du sang de ses braves, l'Espagne s'habituait depuis un an aux douceurs d'une existence politique assez calme et tranquille, lorsque tout d'un coup on apprend à Madrid la nouvelle qu'une révolution militaire menace de replonger la nation dans les horreurs de la guerre civile, que l'on croyait disparue pour toujours. — Le gouvernement et le régent du royaume ont à peine eu le temps d'arrêter les mesures nécessaires pour parer à l'orage, qu'une scène sanglante vient souiller dans la nuit la majesté de la résidence royale. — Soudain, le régent se trouve de la sorte face à face avec un ennemi formidable qui le menace de sa ruine ; nous disons formidable, non pas que dans l'état actuel de l'Espagne il pût jamais l'être, mais parce que l'ennemi qui s'avance dans l'ombre, et qui ne recule pas devant le parjure, la félonie et la guerre civile, est toujours redoutable. — Avec le danger, le régent aussi a dû grandir de toute sa puissance pour terrasser l'ennemi avant qu'il eût levé la tête. — Espartero dans cette crise terrible, n'a manqué ni à lui-même, ni à la nation qui l'avait appelé au timon de l'État. — Mesurant d'un coup-d'œil assuré la gravité de la circonstance, et s'apercevant que la question en était une de vie ou de mort pour le pouvoir qu'il représentait et pour lui-même, il a dû appeler à son aide toute la puissance de son âme, et s'armant du courage que donnent le bon droit et la bonne cause, il a adopté cette marche prompte, sévère et énergique, qui seule pouvait répondre à la gravité de l'attaque. — On a souvent reproché à Espartero l'irrésolution dans le conseil et la lenteur dans l'action ; mais cette fois, comme jadis dans la nuit terrible de Luchana, et en Navarre, il a prouvé que s'il préférait aux mesures hasardeuses et incertaines l'action prudente et cauteleuse, il savait aussi bien rompre la lance avec l'ennemi qui le bravait en face. — Temporiser en attendant de pouvoir écraser l'ennemi à coup sûr, et frapper sans relâche si le danger est inévitable, voilà le caractère saillant du duc de la Victoire. — En France, peut-être, Espartero perdrait la partie ; parce qu'en France les résolutions promptes et énergiques sont le résultat nécessaire du caractère national. En Espagne, où le caractère national est en même temps froid, endurant et énergique, un homme comme Espartero, qui représente si bien l'impassibilité et la fierté nationales, est sûr d'être appelé à jouer dans les fastes nationaux un grand rôle.

Que la révolte organisée au nom et par l'or de Christine ne fût pas populaire en Espagne, nous en avons vu une preuve décisive dans l'immobilité que la nation a opposée aux menées, aux intrigues, et à l'appel aux armes des agens de Christine. — Il n'a fallu au régent que peu de jours pour étouffer l'hydre de la révolte à Madrid, et pour pouvoir quitter cette capitale tranquille, après des événemens aussi graves, la confiant à la loyauté de la garde civique, sans état de siége, ni autres mesures exceptionnelles. — Pendant sa marche sur la Navarre et les provinces basques, les révoltés avaient déposé les armes, ou gagnaient la frontière. — Il ne faisait que paraître, et déjà l'ordre et la tranquillité avaient été rendus aux provinces qui avaient été le théâtre de la révolte. — Les acclamations *spontanées et générales*, par lesquelles le régent a été accueilli sur son passage, prouvent à quoi l'on doit s'en tenir sur les assurances données par les journaux de Christine que le *parti d'Espartero* était déserté en Espagne.

On a reproché à Espartero la rigueur et la sévérité exercées contre les rebelles pris les armes à la main, et condamnés à mort par le conseil de guerre siégeant à Madrid. — Nous ne sommes nullement partisans des répressions sanglantes en fait de crimes politiques, qui souvent ne sont tels que parce qu'on a eu le malheur de n'être pas le plus fort ; mais on nous fait sourire d'étonnement et de surprise, lorsque nous voyons sévir contre Espartero, comme s'il avait confié la punition des coupables à des tribunaux exceptionnels et illégaux. — Eh quoi ! les chefs d'un complot pris les armes à la main en violant l'honneur du drapeau, ne sont-ils pas passibles des lois et des punitions militaires ? Est-ce que le conseil de guerre n'est pas le juge naturel du soldat qui trahit l'obéissance et la fidélité à ses chefs et aux chefs de l'État? N'est-il pas juste, quoique déplorable, que la loi martiale pèse de son poids *sur les chefs et les auteurs d'une révolte militaire*, quel que soit le parti qui l'a soldée ? Qu'en serait-il de la discipline et de l'obéissance du soldat, si, dans l'armée on tolérait de pareils scandales ? Si le premier venu, si le chef même qui doit à la loi l'exemple de sa soumission, pouvait impunément toucher à cette sauvegarde sacrée de l'ordre et de la sûreté de l'État ? Encore une fois c'est *déplorable*, mais c'est *juste*. — Nous plaignons, aussi bien que tout autre, le sort misérable du brave général Diego Léon, de ce jeune héros qui avait vu briller sur sa poitrine les nobles insignes de la victoire, mort de la mort des traîtres, à la fleur de son âge, tombant sous les balles de ses camarades, plutôt que sur le champ de bataille où sa brillante valeur et ses vertus chevaleresques lui avaient assigné une place plus digne pour la défense de sa patrie et de l'indépendance nationale. — Nous déplorons aussi la triste destinée des autres victimes frappées par les arrêts de la justice militaire. — Assez de sang, il est vrai, avait coulé en Espagne. — Mais est-il bien sûr qu'Espartero eût pu adopter une autre marche? Quelle était l'opinion nationale sur la direction à suivre? L'amnistie que lui-même avait accordée, et il n'y avait pas long-temps, aux Carlistes, avait-elle prévenu ou empêché la prise des armes contre le pouvoir établi? Et jusqu'à quand aurait dû l'Espagne être en proie à ces désordres civils, que des intrigans et des ambitieux enhardis par l'impunité, y renouvellent sans cesse? La *clémence* est une belle parole, une noble vertu, sans doute; mais l'*ordre* en est-il une moins importante pour le bonheur des nations?

Il faut convenir que le danger où la faction rebelle avait plongé la patrie, avait été trop imminent et trop grave, la réapparition du désordre avait été trop rapprochée, et elle avait mis trop en jeu les plus chers intérêts de l'État à peine échappé à la tempête, pour qu'il ne fût indispensable d'en imposer une fois pour toutes aux velléités de révolte par un châtiment exemplaire des coupables, *quels qu'ils fussent*. Si on les avait épargnés, les factieux auraient attribué à la *faiblesse* les suggestions de la *clémence*. — Punis selon la rigueur des lois qu'ils ont violées, quelle pourrait être leur plainte? D'ailleurs, il faut considérer, et c'est important, que malheureusement la fierté de la nation espagnole exige dans la justice répressive un degré de rigueur qui, chez d'autres nations plus amollies par le progrès de la culture, et moins sévères, serait peut-être intolérable. — Les annales d'Espagne nous en fournissent des preuves. — Un avenir prochain nous apprendra si les hommes du pouvoir ont bien jugé cette Espagne, qui se plaît à déjouer si souvent les prophéties les plus habiles. — Quant à nous, nous demeurons convaincus, que cette crise sera salutaire, ou bien nous ne connaissons pas l'Espagne. — Les évidences nous trompent peut-être; mais nous serons trompés en voulant la liberté et la justice.

Cependant il faut refermer le plus promptement possible, les vides que le glaive de la justice ouvre parmi les rangs des citoyens pervertis par la séduction ou par la force ; et c'est ce que nous espérons que le régent, qui a montré autrefois un cœur sensible à la clémence, voudra bien comprendre, lorsque nous lui conseillons de ne pas franchir les limites de la stricte nécessité politique, que les gouvernans, et eux seuls, peuvent reconnaître, et de fonder sa victoire plutôt sur son droit que sur les rigueurs répressives. — Nous voyons par conséquent avec une complaisance infinie, que les nouvelles de Madrid, nous font espérer que les exécutions militaires se borneront aux chefs et instigateurs principaux de la révolte, qui devaient tous subir une même justice.

Et vous, qui vous apitoyez avec une douleur hypocrite sur le sort mérité *des coupables*, pourquoi étiez-vous si fiers et si désireux *du sang innocent* qui allait se répandre dans une guerre civile que vous-mêmes avez suscitée ? Ce sont des illusions peut-être, mais nous croyons dans notre conscience, que si le sang répandu dans une guerre injuste *entre ennemis*, doit avoir son jour de vengeance, à plus forte raison l'aura le sang répandu dans une guerre *entre frères*. — Il faut donc demander compte, à Marie Christine et non pas à Espartero, de tout le sang versé en Espagne pour réparer la violation des lois de l'obéissance militaire, et de l'allégeance civile.

On a vivement reproché à Espartero d'avoir commis un acte d'illégalité flagrante, par son ordonnance de suppression des fueros des provinces basques. — Nous soutenons au contraire, que s'il y a un acte politique vraiment utile aux intérêts généraux du pays, c'est cette même abolition des fueros, dont on fait beaucoup plus de bruit à Paris qu'en Espagne.

Nul État ne peut longuement et tranquillement subsister sans l'unité nationale. — Par unité nationale, nous entendons que tous les membres dans lesquels un royaume est nécessairement divisé, soient assujétis à une même puissance législative, et reconnaissent tous dans le centre de l'État la puissance nationale souveraine. — L'application de la puissance législative, ou pour mieux dire, la puissance administrative peut être exercée dans chaque localité avec plus ou moins de dépendance de l'autorité centrale, sans aucun danger pour l'unité nationale. Par cette définition de l'unité nationale, nous allons au-devant d'une objection fort grave qui est faite par les hommes qui connaissent les affaires intérieures de l'Espagne.

Cette Espagne, disent-ils, par suite de traditions nationales fort anciennes est divisée en plusieurs provinces ou royaumes, qui diffèrent par le caractère de leurs habitans et les lois ou consuétudes qui les régissent. — Or, assimiler tous ces élémens hétérogènes à une loi unique et commune, soumettre à un centre unique et commun tous ces rayons divergens de la sphère nationale, c'est vouloir maintenir dans chaque localité cette espèce de malaise et d'inquiétude, qui n'attend, pour éclater en tumultes et en désordres, que l'instant propice où la force centrale soit entravée ou affaiblie. — Mieux vaut-il, politiquement parlant, tolérer que chaque province ou royaume se régisse par lui-même, que de le forcer à subir une centralisation qu'il repousse. — Certes, cette objection est grave, et d'autant plus qu'elle est puisée dans les traditions nationales; mais le dogme de l'unité politique est tellement prédominant sur toute convenance spéciale, que même les intérêts locaux doivent être sacrifiés à cette condition indispensable de toute constitution politique.

C'était une position anormale que celle dans laquelle se trouvaient les provinces basques vis-à-vis du gouvernement central de l'Espagne. Jouissant d'une indépendance bien moins nominale que réelle du pouvoir siégeant dans la capitale du royaume, la souveraineté nationale manquait seule aux provinces basques, pour qu'elles pussent être considérées comme une puissance. Si un tel état de choses pouvait se concilier avec la tranquillité et la prospérité de l'Espagne, c'est ce que tout lecteur impartial pourra juger de par lui-même, d'après les plus simples notions du droit public. Ce n'était rien autre que le *status in statu*, contre lequel tous les publicistes ont toujours protesté, comme un élément permanent de désordre, et attentatoire à la souveraineté nationale.

Si, *en droit*, un tel état de choses n'était nullement tolérable, les faits accomplis sont venus prouver dans les dernières époques, qu'il était *politiquement et matériellement* impossible. — Quel fut le mot d'ordre par lequel Don Carlos a pu maintenir pendant six ans la guerre civile en Espagne? — Les *fueros*. — Quel fut le mot d'ordre, par lequel tout récemment O'Donnell a failli rallumer le tison à peine étouffé de la discorde fratricide en Espagne? — Les *fueros*. — Aussitôt que les provinces basques s'aperçurent que Don Carlos faisait la guerre pour son compte bien plus que pour le maintien des fueros qu'il avait juré de défendre aux dépens même de son despotisme, Don Carlos fut abandonné à lui-même, et son règne finit comme il avait commencé, par l'exil sur la terre étrangère. Marie Christine et Don Carlos ont invoqué tous les deux les fueros, parce qu'ils savaient que les fueros fournissaient un prétexte permanent de commotion civile en faveur de ceux qui s'en faisaient les défenseurs et les champions.

Or, après de si terribles exemples, Espartero ne pouvait mieux obéir aux exigences d'une bonne politique et du salut de l'État, qu'en saisissant l'occasion favorable pour faire disparaître ce foyer de désordre qui menaçait continuellement la tranquillité de l'Espagne. — C'est un service, nous le disons en passant, que Marie Christine a rendu, sans s'en douter, au pays; et c'est ainsi que les malheurs politiques tournent souvent au profit du pouvoir qu'on voulait renverser. — Les provinces basques après avoir fomenté la révolte et la guerre civile pour le maintien des fueros, après avoir éludé toute modification voulue par les Cortès, qui n'avaient maintenu les fueros qu'autant qu'ils seraient compatibles *avec l'unité constitutionnelle du royaume*, étaient-elles en droit de prétendre que le gouvernement central dût tolérer plus long-temps cette résistance permanente à la souveraine volonté nationale? — Dans un pays comme l'Espagne, où le gouvernement n'est pas constitué *en forme fédérale*, le régent avait le droit, et il était juste, de soumettre toutes les provinces du royaume à cette unité constitutionnelle que les Cortès avaient proclamée. — Il le fit, et en le faisant il ne franchissait pas les limites de la faculté accordée par ces mêmes Cortès au gouvernement de prendre sur ce sujet les mesures provisoires indispensables. — Avec la suppression des fueros la ligne des douanes va être reportée de l'Ebre à la frontière de France. — Et qui aurait le droit de se plaindre que le gouvernement espagnol prît toutes les mesures de précaution nécessaires pour fermer les portes du royaume du côté où tous les dangers et toutes les attaques se font jour et pénètrent? Et vous, qui vous plaignez ici, en France, avez-vous un traité de commerce avec l'Espagne, qui la force à s'entendre avec vous au sujet des douanes?

En conséquence, le régent par son ordonnance sur la suppression des fueros a fait acte de justice et de prévoyance politique.

Le régent par suite de la révolte navarraise, et des faits qui en ont été la conséquence, se trouvait avoir sur les bras non seulement les factieux qui combattaient pour la cause de Marie Christine, mais aussi le parti républicain ou radical, qui, excité par la crainte de la réinstallation d'un juste milieu souverainement détesté par les patriotes de l'Espagne, avait établi à Barcelone, à Valence, et en d'autres villes du midi, des juntes de salut public ou constituantes, qui organisèrent des moyens exorbitans et révolutionnaires pour suppléer à l'impuissance éventuelle du pouvoir contre les efforts des partisans de Christine. Nous déplorons ces saisies anarchiques de pouvoir, toujours funestes à l'ordre et à la tranquillité publiques; nous ne les excusons pas, nous en indiquons seulement l'impulsion dirigeante.—L'attitude prise par la junte de Barcelone était dans sa cause motrice purement défensive, et parmi *les actes horribles* que la presse ministérielle lui reproche, la démolition de la courtine intérieure de la citadelle en était le plus grave ; il était pourtant selon nous en quelque sorte pardonnable, puisqu'on avait vu des traîtres s'emparer d'une autre citadelle en Navarre pour foudroyer une ville pacifique et loyale, et la forcer à se soumettre à un parti qui ne parle de liberté, que pour l'asservir.—Mais le moment du danger une fois passé, les juntes ont déposé leur pouvoir extraordinaire, et se sont dissoutes à la voix du régent, qui par son décret de Vittoria du 27 octobre a prouvé qu'il ne voulait pas plus transiger avec le parti radical qu'avec celui des rétardataires ; l'un en opposition avec l'ordre, l'autre en opposition avec la liberté du royaume. Et Espartero a annoncé déjà que les coupables et les promoteurs de l'arbitraire auront, eux aussi, une punition exemplaire. En faisant ainsi, le régent donne un démenti solennel à toutes les calomnies que l'on avait lancées contre lui d'une manière si indigne. Isabelle II et la constitution de 1837, l'ordre et la liberté, voilà donc la devise sous laquelle Espartero s'est rangé pour sauver l'Espagne *de l'anarchie et du despotisme*. S'il y persiste, comme toutes les démonstrations et tous les faits nous le prouvent, l'Espagne sera bien fière d'avoir confié son sort *à un bon et loyal Espagnol*.

Nous avons parlé d'Espartero plus longuement peut-être qu'il n'était nécessaire pour le sujet qui nous occupe, mais nous l'avons fait pour prouver que la politique française s'était étrangement trompée dans ses manœuvres vis-à-vis du régent de l'Espagne. — Elle l'avait jugé comme un astre passager qui ne devait briller que d'une splendeur éphémère sur l'horizon de l'Espagne; comme un lourd nuage qui pesait sur elle, mais que le premier souffle de vent aurait emporté. C'était un parvenu, un soldat fortuné, qui n'était pas digne de marcher de pair avec les rois et les grands de la terre, et qui devait disparaître devant l'éclat d'une royale couronne. — Elle s'est trompée, et nous croyons pour long-temps, puisque nul signe céleste ne nous indique que *cet astre funeste* doive être lancé hors de son orbite.

Vous appelez *anarchique* le pouvoir d'Espartero, et il comprime l'*anarchie* partout et toujours : vous le dites *despotique*, et toute l'Espagne le salue comme le sauveur de ses *libertés*. Vous donc, qui vous posez en défenseurs de la liberté et de l'ordre, que prétendez-vous de lui ? Vous ne le savez pas. — Espartero est votre homme, et vous le reniez. — En faisant les affaires de l'Espagne, il fait les vôtres. Au lieu de vous acharner contre lui, vous devriez lui en savoir bon gré ; mais de sinistres préventions vous aveuglent. Elles vous poussent à confondre deux choses bien distinctes : un pouvoir aux tendances franchement libérales, et ce parti exalté qu'il poursuit au nom de la loi et de l'ordre.

Voilà de quelle manière la politique française s'est, comme nous l'avons dit plus haut, pitoyablement fourvoyée en Espagne. Nous en avons exposé la cause dans les intérêts dynastiques, qui, se rattachant à une des conditions essentielles de l'existence du pouvoir, ont dû avoir une influence puissante dans la marche des affaires.

Maintenant il nous reste à voir *quelle aurait dû être* la politique de la France envers l'Espagne.

Depuis que la communauté des principes politiques, la situation nationale, et l'intérêt éminent de s'entourer d'alliés dévoués à une cause commune avaient imposé à la France de 1830 la nécessité politique de reconnaître la royauté d'Isabelle II, et le pouvoir constitutionnel qui gouvernait l'Espagne, elle aurait dû veiller à ce que le Carlisme ne prît pas d'aussi profondes racines sur la terre espagnole, et à ce que le triomphe de la cause libérale fût le plus prompt possible. — Cette politique sage et généreuse envers un peuple ami aurait consolidé l'alliance naturelle entre les nations française et espagnole; aurait arrêté le développement excessif des théories funestes qui comme les étincelles des corps électriques, sont le résultat forcé du frottement des passions tumultueuses qu'on a excitées à l'action par la lutte, et aurait empêché la prédominance de l'Angleterre dans les affaires de la Péninsule.

Est-il bien surprenant au fait, que les libéraux espagnols ayant atteint la sommité du pouvoir se soient alliés corps et âme avec l'Angleterre, qui eut cette rare sagacité politique, qui lui manque rarement, de sacrifier les velléités et les animosités de parti ou d'individualité au grand principe de l'utilité nationale?—Nous ne voulons nullement nous poser ici en défenseurs de la politique anglaise, si souvent accusée de sacrifier le droit des nations à son égoïsme, mais nous ne pouvons pas contester ce qui est incontestable, c'est-à-dire que l'Angleterre a toujours été pour l'Espagne libérale une alliée bien plus utile et plus fidèle que la France. — Et si l'Angleterre en tire aujourd'hui son profit, à qui la faute? A la nation française? Non certes ; elle qui par une opposition digne et éclairée n'a fait que prédire au gouvernement les résultats fâcheux et inévitables, auxquels on est réduit à l'égard de l'Espagne. — Le gouvernement français s'était proposé une autre marche, parce qu'il était toujours dominé par cette arrière-pensée et par cette crainte que nous avons indiquée, pour l'avenir des idées monarchiques, qu'on avait *in petto,* de rétablir peu à peu en France; au dedans, pour parer à l'invasion de la démocratie, au dehors, pour se rendre plus acceptable aux puissances despotiques.

Ce que la politique française devait être à l'égard de l'Espagne, pour servir aux principes et aux intérêts nationaux de la France, est précisément le contraire de ce qu'elle a été, et qu'elle a voulu être.

Le Carlisme une fois dompté en Espagne, les institutions libérales du pays devaient tendre par une conséquence forcée des choses à se modeler sur une base plus large et plus décidée, pour pouvoir s'opposer, d'une part, à la réapparition des vieilles superstitions du despotisme qui ne cède qu'à la nécessité et à la force, et pour pouvoir dominer de l'autre les tendances à l'arbitraire et à la démagogie de ce parti ultra-libéral ou exalté, qui dans tout pays se relevant d'une commotion politique peut devenir dangereux à l'ordre public, s'il est abandonné à lui-même. — La faute du gouvernement français a été de croire qu'il aurait réussi à comprimer les partis extrêmes, soit en les opposant tour-à-tour l'un à l'autre dans la lutte, soit en appuyant, après la lutte terminée, de toutes ses forces un juste-milieu politique qui devait les déborder, ou du moins les tenir en balance. — Tel était le système combiné de Marie Christine, appuyé par les conseils et les exhortations du gouvernement français ; mais l'une et l'autre ont misérablement échoué, parce qu'ils avaient oublié, que si parfois dans les temps ordinaires ce système peut réussir, s'il est habilement et vigoureusement appliqué aux affaires politiques, il faillit presque toujours dans les époques extraordinaires, où l'excès de vitalité, dont les nations comme les individus sont parfois saisies, veut être adroitement tempéré, et non pas brusquement traité, pour que le corps malade ne succombe à une réaction funeste.

Nous avons franchement exposé notre pensée sur la dernière tentative de Pampelune : les observations que nous avons faites sur la conduite du gouvernement français dans cette malencontreuse affaire, nous dispensent de dire quel aurait dû être le maintien de la France, la conclusion à en tirer étant trop palpable pour qu'elle puisse former le sujet d'aucun doute.— Et d'autant plus que pour la dignité de la France, nous voudrions que tout ce qui s'est passé depuis quelque temps en Espagne passât le plus tôt possible au rang des faits accomplis, sur lesquels on n'a plus le droit de revenir. — Comme en Orient, en Espagne aussi on devrait, faute de mieux, *pouvoir oublier*.

Et cependant, que fait la presse ministérielle chargée ou se chargeant de manifester au peuple français les pensées du Pouvoir ?

Hélas ! la rude leçon qu'elle vient de recevoir, ne l'a nullement corrigée : au contraire, comme tous ceux qui se trouvent dans une fausse position par leur faute, les revers l'ont aigrie, et elle est devenue plus virulente et plus intraitable que jamais. — Pendant que les organes d'une opposition sage et modérée cherchent tous les moyens raisonnables pour combler l'abîme qu'une politique égoïste et incertaine a creusé entre la France et l'Espagne, les journaux conservateurs, et celui de M. Guizot en tête, se prévalent de toutes les nouvelles vraies ou controuvées que des correspondances salariées leur font accroire, à eux et à leurs lecteurs, pour envenimer du poison subtil de l'accusation systématique, les animosités nationales envers cette pauvre Espagne, *qui ne vous demande que la paix, la bonne foi et l'oubli d'elle*, et pour lancer des anathèmes politiques sur tous les actes du régent et du gouvernement de Madrid. — A les entendre, c'est une horde de Cannibales, d'excommuniés et d'hérétiques, et pis encore, qui gouverne l'Espagne. — Rosas, le tyran de Buenos-Ayres, avec lequel pourtant, un traité, il n'y a pas long-temps, vous a unis *d'amitié et d'alliance*, était un Titus en comparaison de ce Néron qui désole l'Espagne. Tantôt ce sont deux Français qui ont été massacrés sans pitié à Barcelone ; tantôt c'est à Madrid, tantôt ici, tantôt là, que des cris de mort ont été vociférés contre la France, où les représentans de la France ; tantôt c'est Espartero qui par l'organe *de son compère Martin Zurbano*, organise la terreur dans les provinces insurgées ; aujourd'hui, c'est un général qui achève à coups de sabre un malheureux qui ne voudrait pas recevoir la mort du traître ; demain, c'est Espartero qui devient le plus grand criminel de la terre pour avoir commis un *vol national* en ordonnant *la suspension* du paiement *de la pension* allouée à Marie Christine, qui se sert pourtant de l'or de l'Espagne pour révolutionner l'Espagne; à chaque page, d'autres douceurs pareilles. — Les plus épouvantables atrocités, qui ne devaient être annoncées que sur des renseignemens positifs et irrécusables, sont admises et débitées avec une légèreté étonnante, et avec une assurance et un aplomb remarquables. — Voulez-vous que quelques uns de ces actes injustifiables soient vrais, sinon dans l'exposition outrée qu'on en fait, au moins dans leur nature intrinsèque, quoique nous soyons en droit de ne pas les admettre sur de simples ouï-dire? Est-ce pour cela qu'on en devrait faire un sujet de réprobation contre le gouvernement central, et saisir toute occasion qui se présente pour accoler au pouvoir suprême ce qui ne saurait être que la faute et le crime de ses agens? — Quel est le gouvernement du reste, qui, soit par lui-même, soit par ses agens, ne s'est jamais exposé à des reproches d'arbitraire et d'illégalité, même dans les situations ordinaires? Et combien plus dans ces périodes de crise politique, dans lesquelles les passions et les animosités de parti font trop souvent oublier ce calme et cette dignité, qui ennoblissent l'exercice pénible de la légalité répressive. — Mais de tels actes sont tout à fait personnels, et il ne peuvent être imputés qu'à leurs auteurs. — Voilà ce que la presse devrait bien comprendre, au lieu de confondre, si les faits sont vrais, dans un même crime, innocens et coupables.

Mais il y a une autre singularité fort remarquable. Les journaux ministériels qui se récrient si hautement contre les excès qu'ils attribuent à tous les partis qui ne sont pas le leur, ont-ils oublié qu'ils prononcent leur propre jugement? — Comment? Est-ce que la crise actuelle d'Espagne n'est pas leur œuvre? Est-ce que ce ne sont pas eux-mêmes, qui, par leur tristes exhortations, et par le souffle envenimé des passions séditieuses et anarchiques sur la terre d'Espagne, ont remué cette mer orageuse qui venait à peine de se calmer après une si fière tempête? Vous qui étalez avec une si grande joie et une si douce complaisance tous les maux et tous les crimes qui selon vous se propagent avec une effroyable rapidité en Espagne, vous ne faites en vérité qu'*étaler votre propre misère*.

Mais toutes les plaintes et tous les raisonnemens qu'on pourrait porter contre la presse qui tombe en de pareilles maladresses, sont complètement inutiles : le parti en est pris d'avance, et il faut qu'il s'accomplisse : on est allé trop loin pour pouvoir reculer avec honneur, quand même la conscience de la vérité serait là, pour l'imposer.

Cependant nous souhaitons vivement que les hommes qui seront appelés à gouverner la France veuillent bien considérer les difficultés de sa position actuelle vis-à-vis de l'Espagne.— Un pouvoir de fait— et nous disons aussi de droit— s'est établi et a été reconnu dans ce pays : deux fois une manifestation solennelle de la volonté nationale a prouvé à la face du ciel, que ce pouvoir est celui qu'elle a librement choisi, et qu'elle s'est librement imposé : il a su maintenir et reconstituer l'ordre et la liberté en Espagne : il a montré le désir, la volonté, et le pouvoir de faire le bonheur du pays ; pourquoi donc voulez-vous l'arrêter et l'entraver dans sa marche? Laissez-le agir, et vous pourrez vous entendre avec lui pour resserrer les liens des deux nations, pour pourvoir aux intérêts réciproques, et s'il vous manque vous aurez alors envers lui le droit des hommes loyaux, la réparation des torts.— Il ne faut pas que vous oubliiez que le gouvernement qu'on laisse tranquille dans sa marche, est de sa nature *juste et modéré* ; c'est sous les coups des attaques qu'il devient parfois *injuste et intraitable*.—Vous avez souvent changé de politique à l'égard de l'Espagne : mais de tous les systèmes possibles, vous n'avez pas encore essayé d'appliquer celui d'une politique franche, et sincère. Est-ce que la franchise a déserté irréparablement les conseils des nations? Est-ce peut-être que les faits en ont prouvé l'inapplicabilité dans les transactions politiques?— Nous ne le pensons pas. Si ces grands hommes qui ont jadis illustré la France par les exploits de leurs armes et par la sagesse de leurs conseils venaient à reparaître sur la scène du monde, ils seraient fort étonnés de voir que les principes d'après lesquels ils pouvaient exclamer sur le champ de bataille — *tout est perdu fors l'honneur* — se sont enfuis du domaine de l'époque. La ruse politique et la force matérielle ont pris la place de la bonne foi nationale et de la gloire militaire : mais c'est, il faut pourtant le dire, moins la faute des hommes que de l'époque, engagée par plusieurs causes qu'il est inutile de citer, dans une fausse route.

Nous ne désespérons pas cependant de revenir à des temps meilleurs, et il peut bien se faire que ce que des hommes honorables ont voulu, ils puissent un jour parvenir à *l'accomplir*.

Mais il faut que l'impulsion soit forte et unanimement nationale. — Le jour où les Chambres vont être convoquées n'est pas loin : que tous les hommes consciencieux s'unissent pour faire entendre dans l'enceinte où siège la plus noble assemblée de l'Europe des paroles dignes de la France : que les hommes qui la gouvernent soient mis en demeure de s'expliquer franchement et nettement sur les relations politiques avec l'Espagne : qu'une fois la France, l'Espagne et l'Europe connaissent leur position respective : et que la Chambre force le ministère à suivre, sans pouvoir s'en écarter, la route que l'examen approfondi des faits accomplis aura tracée.

Si cette attente n'est pas trompée, nous ne désespérons pas encore de l'avenir de l'Espagne libérale. — La situation est très-délicate, elle est périlleuse même, si le gouvernement continue, ainsi que par le passé, à regarder l'Espagne comme un foyer d'anarchie et de désordre. — Mais le jour où les tristes et ignobles événemens qui viennent de se passer, auront été oubliés de part et d'autre, une ère nouvelle pourrait surgir *bien plus digne* pour la France, et *bien plus heureuse* pour l'Espagne.

Mais les circonstances pressent, les faits s'accumulent et se groupent, et l'occasion est propice pour le grand acte de fraternité et de réhabilitation nationales : il faut la savoir saisir avant qu'elle s'échappe, *parce qu'il n'y a pas de lendemain pour les affaires en Espagne.*

Pour notre compte, nous ne cesserons d'élever notre voix, aussi faible et impuissante qu'elle puisse être, jusqu'à ce que justice soit faite à l'Espagne ; à l'Espagne libre et indépendante.

Le vérité et la justice, tôt ou tard, finissent par atteindre leur but honnête et loyal ; et nous sommes fiers d'en pouvoir être les organes.

Imprimerie de E. BRIÈRE, rue Sainte-Anne, 55.

www.ingramcontent.com/pod-product-compliance
Lightning Source LLC
Chambersburg PA
CBHW062010070426
42451CB00008BA/606